AF259758

PANÉGYRIQUE

DE

SAINT MARIUS

VULGAIREMENT SAINT MARY

Par M. le chanoine LADEN.

*Gloria vestra sumus sicut et vos nostra,
in die Domini nostri Jesu Christi.*

(2 COR. I, 14.)

Prix : 30 centimes.

CLERMONT-FERRAND

IMPRIMERIE MONT-LOUIS

1869

—

Se vend chez M. Ferdinand THIBAUD, libraire,
rue St-Genès.

PANÉGYRIQUE

DE SAINT MARIUS

Quàm pulchri super montes, pedes annuntiantis et prædicantis pacem.

Qu'ils sont beaux sur les montagnes les pieds de celui qui annonce la paix et le bonheur, et qui prêche le salut. Isa., 52, 7.

Lorsqu'un conquérant veut se former un vaste empire, comme le fameux Nabuchodonosor, il assemble son conseil de guerre, il déclare aux siens les mystères de sa belliqueuse pensée, et concerte avec eux les moyens de soumettre la terre à son joug. Sa tête brûle comme un volcan, son sang bouillonne dans ses veines, et cette incendiaire chaleur se communique à ceux qui l'approchent. Il se met en marche, et, comme un autre Alexandre, ou un autre César, il renverse tous les obstacles, livre des combats, gagne des batailles, se relève de ses défaites, écrase ses ennemis, change la face des nations, et dit à la terre : Je suis ton maître. Après cela il meurt ; et le prestige de sa gloire se dissipe peu à peu et son empire est partagé en cent portions qui finissent par disparaître. Lorsque Jésus-Christ a voulu fonder son royaume, qui sera éternel, et qui doit englober tous les peuples, il s'y est pris tout autrement. Admirez son conseil de guerre! Douze misérables pêcheurs qui n'ont jamais su manier autre chose que leurs filets, douze hommes du peuple, tout occupés des soins de la vie commune et bornant leur ambition au pain du jour et du lendemain. Leur Chef ouvre en toute simplicité son cœur à ces ignorants : il leur déclare qu'il veut conquérir à Dieu l'univers, par la prédication de l'Évangile et par l'effusion de son sang; il ajoute que de grandes persécutions les attendent eux-mêmes, s'ils veulent le seconder dans sa périlleuse entreprise. Pendant trois ans qu'il les forme à l'art de cette nouvelle guerre, il ne leur enseigne que l'humilité, la charité et la pauvreté. Arrive le jour du combat, combat décisif, combat à mort. Ce conquérant d'un genre nouveau défend à son lieutenant de tirer l'épée pour le défendre, lui montrant en esprit une arme plus forte que l'épée, la Croix. Le Chef est frappé, et les soldats se dispersent d'abord, effrayés qu'ils sont; mais ils reviennent bientôt sous leurs drapeaux, et la victoire y revient avec eux. Mais comment? en se laissant conduire en prison, quand il plaît aux persécuteurs; en se laissant conduire, comme des agneaux, sur la place publique, pour y être battus de verges; en se laissant entraîner dans la boue ou à la mort, comme on veut; et en prêchant au milieu de tout cela la plus étrange folie que l'homme puisse concevoir : « un Dieu crucifié! » Et voulez-vous savoir le résultat de toutes ces brillantes batailles? Quarante ans après la mort du Chef des douze pêcheurs, son nom retentit de l'Orient à l'Occident. Eux ou leurs successeurs avaient emporté d'assaut la Capitale de l'univers, sans autre armée que des légions de Martyrs, sans autres armes que celles qui leur donnaient la mort. Un siècle plus tard l'empire de Jésus-Christ, je veux dire sa doctrine, reçue librement par l'esprit et le cœur, s'étendait déjà dans tout l'univers connu. Parmi ces Apôtres de l'Évangile qui a subjugué le monde, nous comptons le courageux saint Marius, dont l'Église célèbre aujourd'hui la glorieuse mémoire, et qui fut l'un des premiers apôtres de l'Auvergne. Quelle gloire, quelle reconnaissance, quel amour ne lui devons-nous pas pour être venu le premier sur ces montagnes de la Haute-Auvergne, annoncer à nos pères la foi de Jésus-Christ, leur prêcher l'Évangile de la paix, leur annoncer la route du bonheur, et leur dire enfin que la lumière du salut avait lui pour eux! *Quàm pulchri super montes pedes annuntiantis et prædicantis pacem!* Cherchons à comprendre quel fut son zèle qui le rendit un prédicateur si persuasif : je me propose de vous le faire voir dans la première partie de ce discours. Mais comprenons aussi combien ses succès furent redevables à cette pénitence qui lui tint lieu du martyre : sujet de la seconde partie.

O Marie, le pieux et zélé apôtre, qui le premier planta la Croix de Jésus-Christ sur les monts de l'ancienne Arvernie, a cela de particulier qu'il portait votre nom, qu'il était né comme vous sous le beau ciel de la Palestine et qu'il lui fut donné de pouvoir contempler vos traits augustes, de vous entendre et de vous parler, comme un enfant à sa mère ; obtenez-nous de Dieu la grâce de nous édifier de ses exemples et de comprendre tout ce que nous lui devons d'amour et de reconnaissance. *Ave Maria.*

1° Zèle de saint Marius à venir implanter le christianisme en Auvergne.

L'empereur Claude venait de porter un décret de bannissement contre les Juifs qui se trouvaient à Rome, à cause des agitations qui se manifestaient parmi eux, à la prédication des disciples du Christ. Saint Pierre, qui se trouvait depuis quelque temps dans cette capitale, avec plusieurs disciples du Sauveur, venus avec lui de la Judée, en fut chassé avec ceux de sa nation, chrétiens ou juifs. Le prince des Apôtres quitta donc, pour quelque temps, la future capitale du royaume de Jésus-Christ. Le premier il entra dans cette route de l'exil que tant de Papes eurent à parcourir après lui. La dispersion de la chrétienté naissante eut pour résultat direct de jeter dans les Gaules une légion d'apôtres, juste au moment où l'empereur venait d'abolir dans cette contrée l'exercice du culte barbare et sanguinaire des druides. Parmi les disciples de Jésus-Christ que saint Pierre envoya dans les Gaules, où il ne pouvait se rendre lui-même, comme il l'aurait désiré, dit Raban-Maur, se trouvaient : 1° saint Trophime, que l'Église d'Arles, longtemps métropole de toute la province Viennoise, a toujours reconnu pour son fondateur et son premier évêque; 2° Sergius Paulus, l'ancien proconsul de l'île de Chypre, converti par saint Paul, ordonné évêque par les Apôtres et premier évêque de Narbonne; 3° Martial, l'un des soixante-douze disciples du Sauveur, premier évêque de Limoges; 4° Austremoine, premier évêque de Clermont; 5° Gatien, fondateur de l'Église de Tours; 6° Saturnin, premier évêque de Toulouse, dont il fut aussi l'apôtre; 7° Valère, premier évêque de Trèves, et plusieurs autres que le bienheureux apôtre leur avait désignés pour compagnons. Parmi les compagnons qui furent adjoints à saint Austremoine, l'histoire nous parle de Marius, venu aussi de Judée, à la suite de saint Pierre, et que le saint apôtre des Arvernes envoya chez nos ancêtres, quelque temps avant lui, comme son précurseur et son éclaireur. Plusieurs auteurs graves et dignes de foi nous assurent qu'il était l'un des soixante-douze disciples que Jésus-Christ avait choisis lui-même, qu'il avait formés lui-même au ministère de la prédication, les envoyant deux à deux dans les campagnes qu'il devait visiter, pour lui préparer les voies. Il fut donc présent à la Cène et à l'institution de l'adorable Sacrement de l'autel; il apprit de la bouche même du divin Sauveur les mystères de la foi et les vérités de la sublime morale; il participa, avec les fidèles, aux larmes et à la douleur de l'amère passion du Christ; il jouit des fruits de sa glorieuse résurrection, et fut l'heureux témoin de son ascension triomphante dans le ciel; il reçut le Saint-Esprit avec les Apôtres et s'attacha surtout à saint Pierre, qu'il accompagna dans ses courses jusqu'à Rome. Cela seul suffirait, mes frères, pour nous le rendre cher et vénérable; mais il a d'autres titres à notre amour et à notre culte. C'est lui qui le premier est venu nous annoncer la foi et nous tracer la route du véritable bonheur. Ah! nous pouvons donc nous écrier avec le Prophète : Qu'ils sont beaux, sur les montagnes de la Haute-Auvergne, les pieds de celui qui annonce la paix et le bonheur, qui prêche le salut, qui dit à la fille de Sion : *Ton Dieu va régner!* *Quàm pulchri super montes pedes annunciantis et prædicantis pacem!* Et les Anges gardiens de ces montagnes ont élevé la voix; et ils chantent en chœur, parce qu'ils ont vu arriver le jour où le Seigneur a fait luire sa lumière à ceux qui étaient assis dans les ténèbres et à l'ombre de la mort, et parce qu'il a consolé son peuple et l'a délivré de l'esclavage : *Vox speculatorum tuorum, levaverunt vocem, simul laudabunt, quia oculo ad oculum videbunt cum converterit Dominus Sion.*

Faisons-nous une idée, mes frères, de ce qu'étaient les peuples et nos aïeux surtout au moment de la prédication de l'Évangile. L'esprit de mensonge et d'erreur se promenait dans l'univers, et soufflait dans l'esprit des hommes, avec l'oubli de la révélation primitive, mille cultes plus absurdes, plus impurs ou plus méchants les uns que les autres; le marbre, le bois, les métaux étaient promus à la dignité de dieux, quand on n'adorait pas les ouvrages du Créateur, comme le soleil et la lune, ou de vils animaux comme le bœuf, et on voyait l'homme pétrifié de crainte devant un morceau de pierre. Il s'était tellement dégradé qu'il tombait à genoux devant les plus vils animaux, déposant aux pieds d'un serpent ou d'un crocodile son royal diadème et son sceptre dominateur de la terre. On avait vu la prostitution, après avoir infecté la terre, tenter de se faire adorer dans le ciel. L'adultère s'était assis sur le trône du roi des dieux, et tous les vices personnifiés formaient une digne cour à ce scandaleux souverain. L'humanité avait disparu parmi les hommes, et le maitre traitait son esclave comme la brute, le vendait comme l'animal, lui faisait trancher la tète pour amuser une compagnie, et le faisait dévorer aux bêtes féroces pour amuser la foule. Satan était réellement devenu le prince de ce monde, comme nous l'apprend Jésus-Christ dans l'Évangile, et le gouvernait comme une province de la monarchie infernale. Ses suppots étaient les tyrans qui traitaient les peuples comme des troupeaux de bêtes, et il dominait au point de faire égorger ou brûler vivants les enfants par les parents eux-mêmes, pour obtenir des dieux un avantage temporel. Nos aïeux errants sur leurs montagnes couvertes de neige ou de frimats et dans leurs forêts obscures n'étaient pas meilleurs que les autres peuples; peut-être avaient-ils quelque chose de plus farouche et de plus sauvage; mais comme partout ils étaient courbés sous l'empire des sens et des appétits grossiers.

Voilà le terrain sur lequel est appelé à travailler Marius; voilà la terre qu'il doit défricher. Il se met à prêcher, il présente cette croix qui dit tant de choses ; il apprend qu'il n'y a qu'un Dieu, créateur du ciel et de la terre, qui voit tout, qui gouverne tout, sans la permission de qui rien n'arrive dans le monde, et qui nous aime comme le père le plus tendre aime ses enfants. Il parle de Jésus-Christ son Fils, incarné et fait homme pour nous, notre Rédempteur aimant, qui a versé pour nous réconcilier avec le ciel et nous en procurer le bonheur jusqu'à la dernière goutte de son sang. Il explique les Sacrements, l'autorité de l'Église ; il expose la morale sublime de charité, de chasteté, de détachement, de renoncement du divin Précepteur du genre humain, et ajoute comme saint Paul au milieu de l'aréopage d'Athènes : Et maintenant que demande de vous le Dieu que je viens vous annoncer, sinon que *vous lui* demandiez pardon de vos crimes et que vous fassiez pénitence ; c'est à ce prix qu'il vous promet l'éternelle récompense des cieux. Il montre le Crucifié, il proteste que ce Crucifié est son Dieu et le Dieu de tous les hommes. Cela suffit ; sa parole est crue comme un oracle ; les princes du peuple l'écoutent et le respectent ; les ministres des idoles eux-mêmes se font non-seulement ses disciples, mais ses ministres et ses coadjuteurs. Tous les jours il fonde quelque nouvelle église et quelles églises ! Disons-le, mes chers auditeurs, à la gloire de Dieu, auteur de tant de merveilles : des églises dont la ferveur ne cède en rien à celle du Christianisme naissant à

Jérusalem ou à Rome; des Églises où l'on vit toute la pureté des mœurs, toute l'austérité de la vie, toute la perfection que demande la plus sublime et la plus étroite morale de l'Évangile; des Églises, où la foi s'est conservée pure et intacte pendant tant de siècles, et qui subsistent encore comme des monuments indestructibles de la sève chrétienne.

Ah! chrétiens, que la charité est généreuse dans ses entreprises; qu'elle est ferme et constante dans ses poursuites; mais surtout qu'elle est heureuse dans ses succès! Que ne peut point un homme possédé de l'esprit divin, libre de tous les intérêts de la terre, et uniquement passionné pour la gloire du Seigneur? Ne faut-il pas que l'ambition humaine fasse ici l'aveu de sa faiblesse et qu'elle cède au zèle d'un apôtre qui ne cherche qu'à faire connaître et honorer son Dieu? Mais laissez-moi vous le dire : quels reproches n'avez-vous pas à vous faire, en voyant la docilité de vos ancêtres? C'e t par le ministère d'un seul prédicateur que Dieu, jusques au milieu de l'idolâtrie, a opéré ces miracles de conversion; et dans le centre de la foi, au milieu de nous, tant de prédicateurs suffisent à peine pour convertir un pécheur! Marius prêchait à des infidèles, et il les touchait; nous prêchons à des chrétiens, et ils demeurent insensibles! A quoi attribuerons-nous cette monstrueuse opposition? Est-ce que Marius était saint, et que nous, ministres de la divine parole, ne le sommes pas? Mais notre foi ne serait plus ce qu'elle est, si elle dépendait ainsi des ministres qui l'annoncent. Ils ne prêchent pas, et ils ne convertissent pas comme saints, mais comme députés de Dieu, et comme envoyés de Dieu. Or, quelles que soient les qualités de la personne, cette députation et cette mission n'est pas moins légitime. Quand donc vous dites : Si c'étaient des Saints, je les écouterais, et ils me persuaderaient, vous commettez, dit saint Bernard, trois grandes injustices : l'une, par rapport à la grâce, dont vous bornez l'efficacité et le pouvoir à la vertu, ou plutôt à la faiblesse d'un homme; l'autre, par rapport au prochain, en imputant aux ouvriers évangéliques ce qui ne vient pas d'eux, votre impénitence et votre obstination; la dernière, par rapport à vous-mêmes, en cherchant de vaines excuses dans vos désordres et des prétextes pour vous y autoriser? Quoi donc? est-ce que Marius avait un autre évangile à prêcher que nous? est-ce qu'il faisait connaître un autre Dieu? est-ce qu'il enseignait d'autres vérités? est-ce qu'il proposait d'autres peines et d'autres récompenses? Rien de tout cela; mais c'est qu'il instruisait des peuples, qui n'avaient pas abusé de la grâce, qui ne s'étaient pas endurci à la parole divine, que vous combattez, que vous rejetez, que vous étouffez. Voilà pourquoi des milliers d'athées ou d'idolâtres étaient tout à coup changés en de vrais chrétiens; et tous les jours des chrétiens deviennent des impies et des athées. Athées de créance et athées de volonté; athées qui ne reconnaissent point de Dieu, et athées qui voudraient ne point en reconnaître; athées dans les palais et les châteaux; athées dans la profession des armes; athées dans les académies des savants; athées dans l'industrie et le commerce; athées dans tous les lieux et dans tous les états où règne la dissolution du vice. Prenons garde, mes frères, à cette terrible menace du Sauveur dans l'Évangile, que plusieurs viendront des pays étrangers, qu'ils prendront place dans la gloire avec Abraham et tous les saints habitants de ce séjour bienheureux, tandis que les enfants et les héritiers du royaume seront chassés et précipités dans les ténèbres de l'enfer. Ne soyons pas du nombre de ces chrétiens réprouvés, et pour cela réveillons notre foi, ranimons-la, rendons-la fervente et agissante. Nous avons vu quel fut le zèle, quels furent les succès de la prédication de saint Marius; voyons à présent ce qui lui attirait les bénédictions de Dieu, son courage dans la pénitence.

2° Courage de saint Marius à pratiquer la pénitence.

Si je viens ici vous annoncer une doctrine sévère, si je viens vous entretenir des rigueurs de la pénitence, n'en soyez pas étonnés, mes frères. On ne peut louer un grand politique qu'on ne parle de la sagesse de ses conseils, ni faire l'éloge d'un vaillant capitaine, sans rapporter ses conquêtes; on ne peut faire le panégyrique d'un apôtre, sans parler de la pénitence, et d'autant moins que la pénitence est non-seulement le caractère d'un apôtre, d'un ministre de l'Évangile, mais qu'elle n'est pas moins indispensable à tout chrétien. La pénitence, dit saint Augustin, est la vertu la plus recommandée dans les saintes Écritures, et la vie chrétienne doit être une pénitence continuelle. Certes, dit-il, dans le bienheureux état de la justice originelle, ces mots fâcheux de mortification et de pénitence n'étaient pas encore en usage, et n'avaient point accès dans un lieu si agréable et si innocent. L'homme alors tout occupé des louanges de son Dieu ne connaissait pas les gémissements : *Non gemebat, sed laudabat.* Mais depuis que son orgueil eut mérité que Dieu le chassât du paradis de délices, la vie humaine a été condamnée à des gémissements éternels. Race maudite et infortunée d'un misérable proscrit, nous n'avons plus à espérer de salut, si nous ne fléchissons pas, par nos larmes, Celui que nous avons irrité contre nous. Et parce que les pleurs ne s'accordent pas avec les plaisirs, il faut nécessairement que nous confessions que nous sommes nés pour la pénitence. C'est pour cela que le Fils de Dieu, venant sur la terre pour porter nos péchés, s'est dévoué à la pénitence; et l'ayant consommé par sa mort, il nous a laissé la même pratique : et c'est à quoi nous nous obligeons très-étroitement par le saint Baptême. Le Baptême, n'en doutez pas, est un sacrement de pénitence, parce que c'est un sacrement de mort et de sépulture. Mais surtout, puisque, malgré tant de confessions réitérées, nous retournons toujours aux mêmes crimes, quelles larmes assez amères et quelles douleurs assez véhémentes peuvent égaler notre ingratitude? N'avons-nous pas sujet de craindre que la bonté de Dieu, si indignement méprisée, ne se tourne en une fureur implacable? Que nous reste-t-il donc à faire autre chose que de prendre parti contre nous-mêmes, et de venger de nos propres mains les mystères de Jésus violés et longtemps profanés, et son esprit affligé, et sa majesté offensée? C'est ainsi, chrétiens, que prenant contre nous le parti de la justice divine, nous obligerons sa miséricorde à prendre notre parti contre sa justice. Plus nous déplorerons la misère où nous sommes tombés, plus nous nous rapprocherons du bien que nous avons perdu : Dieu recevra en pitié le sacrifice du cœur contrit que nous lui offrirons pour la satisfaction de nos crimes; et sans considérer que les peines que nous nous imposons ne sont pas une vengeance proportionnée, ce bon Père regardera seulement qu'elle est volontaire. Ne cessons donc jamais de répandre des larmes si fructueuses; frustrons l'attente des démons par la persévérance de notre douleur; elle sera subrogée à la place d'un tourment d'une éternelle durée; elle doit donc imiter, en quelque sorte, son intolérable perpétuité en s'étendant du moins jusqu'à notre dernière agonie.

Eussions-nous eu même le bonheur de conserver jusqu'à présent notre innocence baptismale et de ne jamais souiller notre âme par aucune désobéissance à la loi de Dieu, nous serions encore obligés à la pénitence. Qui ne tremblerait en entendant les gémissements des âmes innocentes, de tant de Saints qui nous ont précédés? Plus les Saints s'avancent dans la vertu, plus ils s'exercent à faire pénitence. C'est que nous avons en nous, dit saint Augustin, un ennemi domestique, avec lequel si nous sommes en paix, nous ne sommes point en paix avec Dieu. Tous les philosophes, tous les profonds penseurs, même parmi les païens, ont reconnu que depuis notre première enfance jusqu'à la fin de nos jours, nous avons en nous-mêmes certaines passions malfaisantes et une inclination au mal que l'Apôtre appelle convoitise, qui ne nous donne aucune relâche. Il est vrai que les Saints la surmontent; mais bien qu'elle soit surmontée, elle ne laisse pas de combattre. Dans un combat si long, si opiniâtre, l'ennemi nous attaquant de si près, si nous donnons des coups, nous en recevons, ajoute saint Augustin : *Percutimus et percutimur :* en blessant, nous sommes blessés. Ah! quel déplaisir d'ailleurs a une âme vraiment touchée de l'amour de Dieu de sentir tant de répugnance à faire ce qu'elle aime le mieux! Combien répand-elle de larmes, agitée en elle-même de tant de diverses affections qui la séparaient de son Dieu, si elle se laissait emporter à leur violence! C'est ce qui afflige les Saints : de là leurs plaintes et leurs pénitences, de là cette sainte haine qu'ils ont pour eux-mêmes; de là cette guerre cruelle et incessante qu'ils se déclarent.

Regardez, chrétiens, regardez Marius, votre père dans la foi. Ce vieillard vénérable que vous voyez marcher avec une contenance si grave et si simple, soutenant d'un bâton ses membres cassés. Il y a tant d'années qu'il fait une pénitence sévère! Venu jeune encore des riches contrées de la Palestine, dans notre froide Auvergne, pour sauver des âmes et faire con-

naître le Dieu d'amour, que de fatigues, que de peines,
que de privations de toute sorte n'a-t-il pas supportées !
Il habite dans un vallon effroyable, d'où il ne sort que
pour aller évangéliser sur les montagnes escarpées,
couvertes de neige ou de glace, sur des rochers pres-
que inaccessibles, dans l'enfoncement des sombres
forêts qui couvrent encore la moitié du pays. Il fait
un carême éternel ; et durant ce carême, on dirait
qu'il ne se nourrit que d'oraisons et de jeûnes. Un
peu de pain est toute sa nourriture, et encore il n'en a
jamais d'assuré pour le lendemain. L'eau toute pure
d'une fontaine voisine étanche seule sa soif. Il s'est
bâti une petite cabane ouverte à tous les vents et au
froid. Les jours où il croit devoir sustenter un peu
mieux ses forces, il ajoute quelques légumes à sa
réfection. Il couche sur la terre nue. Quand il voit
que les populations, si avides de l'entendre, de le
consulter, accourent en trop grand nombre à sa
pauvre chaumière, il change son domicile et trouve
à s'abriter dans quelque grotte sous un rocher. Après
des jours passés dans les fatigues de l'apostolat, il
emploie encore une partie des nuits à la prière. Il
joint encore d'autres austérités à cette vie si dure et
si austère. Comme saint Paul, dont il admire et imite
le zèle, il réduit son corps en servitude, il assujettit la
chair à l'esprit, afin de conserver son âme pure et
libre. On dirait la vie d'un ange plutôt que celle d'un

homme. Avec tant de mortifications et de rigueurs, il conserve un extérieur aimable, un visage doux et gracieux, un abord joyeux et facile! Ah! c'est que dans une vie si austère il est plus content que les rois. Il dit qu'il importe peu de quoi on sustente ce corps mortel, pourvu qu'on le conserve pour le ciel; que la foi change la nature des choses et que Dieu donne telle vertu qu'il lui plaît aux nourritures que nous prenons; que tout est bon, tout est salutaire pour ceux qui mettent leur espérance en lui seul. Voilà les exemples que nous donne Marius; voilà ce qui attire des grâces si abondantes sur son apostolat; voilà pourquoi, en peu de temps, il a implanté la foi sur ce sol devenu aujourd'hui si solide. Toutes les autres régions ont tremblé; la foi s'est affaiblie partout, elle a disparu dans plusieurs endroits; l'hérésie, le schisme, la volupté, l'athéisme y ont fait tant de ravages. La Haute-Auvergne est demeurée catholique, les mœurs y ont été longtemps pures et patriarcales. Mais à présent, cette foi prêchée par Marius semble y sommeiller comme partout.

Réveillons-la, mes frères; excitons-la en excitant en nous l'esprit de pénitence prêt à s'éteindre. Ne traitons pas ceci de rigorisme; ne nous laissons pas effrayer de ces maximes d'abnégation, de mortification et de pénitence. Jésus-Christ, notre Sauveur,

dont nous nous faisons gloire d'être les disciples, après
nous les avoir annoncées, les a confirmées par sa
mort, et nous les a laissées par son testament. Re-
gardez-le au jardin des Olives; que veut dire cette
sueur mêlée de sang qui inonde non-seulement son
front, mais son corps tout entier? C'est, dit saint
Augustin, qu'il avait dessein de nous faire voir que
nous devons aussi suer le sang de la pénitence. Elle
embrasse deux choses : la mortification du corps et
l'humiliation de l'esprit, car elle est un sacrifice de
tout l'homme qui, se jugeant digne du dernier sup-
plice, se détruit en quelque façon devant Dieu. Il faut
donc, pour que le sacrifice soit entier, dompter et
l'esprit et le corps : le corps par la mortification et
l'esprit par l'humilité. Comme le sacrifice est d'autant
plus agréable que la victime est plus noble, il est
plus excellent d'humilier son esprit devant Dieu, que
de châtier son corps pour l'amour de lui. L'humilité
est donc la partie la plus essentielle de la pénitence
chrétienne. C'est pourquoi le savant Tertullien définit
la pénitence : *La science d'humilier l'homme.* Vous
comprendrez à présent pourquoi Marius s'effraie de ce
concours immense du peuple qui se fait autour de lui :
il craint les éloges qu'on lui donne; il craint la gloire
qui résulte pour lui des nombreux miracles qu'il opère,
et des nombreuses conversions qui ont lieu; il vou-

drait fuir tout cela comme les orgueilleux fuient le mépris et la calomnie.

Cependant il sent que sa fin approche, et Dieu lui fait connaître qu'il va bientôt l'appeler à lui. Il se réjouit à cette annonce, comme le pauvre captif à qui on vient annoncer sa délivrance. La mort ne lui fait pas froncer le sourcil ; il la contemple avec un visage riant, il lui tend de bon cœur les mains, il lui montre l'endroit où elle doit frapper, il lui présente cette pourriture du corps. O mort ! lui dit-il, quoique le monde t'appelle cruelle, tu ne me feras aucun mal, tu ne m'ôteras rien de ce que j'aime, tu ne rompras pas le cours de mes desseins ; au contraire, tu ne feras qu'achever l'ouvrage que j'ai commencé, tu me déferas tout à fait des choses dont il y a si longtemps que je tâche de me dépouiller, tu me délivreras de ce corps. O mort ! je t'en remercie. O grande âme de Marius ! ô fermeté invincible du vrai chrétien ! que les rois de la terre se glorifient dans leur vaine magnificence : il n'y a point de royauté pareille à celle d'un véritable serviteur de Dieu. Il règne sur ses appétits ; il est paisible, il est satisfait. La vie la plus heureuse est celle qui appréhende le moins la mort. Et qui de nous aime si fort le monde qu'il ne désirât pas plutôt mourir comme Marius ? Que si nous voulons mourir comme lui, il faudrait vivre aussi comme lui. Sa vie a donc été bienheureuse : il a sauvé les âmes de ses frères et il a gagné le ciel. Il est vrai qu'il s'est affligé par des austérités; mais souffrant pour l'amour de Celui qui seul avait gagné ses affections, l'amour charmait ses souffrances, et adoucissait toutes ses douleurs. Aimons comme lui, notre vie sera heureuse, utile comme la sienne, notre mort sera douce et précieuse comme sa mort, et nous irons un jour, bientôt, nous asseoir sur un trône brillant à côté de lui. *Amen*.

www.ingramcontent.com/pod-product-compliance
Lightning Source LLC
Chambersburg PA
CBHW051401050726
47595CB00006B/2658